RETOUR

DE MADRID A PARIS

EN 1834.

SOUVENIRS DU CHOLÉRA.

RETOUR
DE MADRID A PARIS

EN 1834.

Souvenirs du Choléra.

L'Europe, depuis l'année dernière, subit une nouvelle invasion du choléra. Ce voyageur invisible, impalpable, qui franchit en bonds capricieux les continents et les mers, après avoir accompli le tour du globe, a quitté de nouveau son point de départ, son berceau empoisonné, que Dieu plaça aux mêmes lieux que le berceau du genre humain, pour recommencer le cycle fatal qu'il avait parcouru naguère. L'Asie l'a encore vomi sur l'Europe, comme jadis ses hordes sauvages; et cet Attila, ce Tamerlan, ce *fléau de Dieu*, ayant marché d'abord de la mer Caspienne à la Néva, repoussé par les glaces du pôle, s'est retourné contre nous, a touché déjà la Tamise et le Rhin, et va peut-être encore, *quod numen avertat!* marcher jusqu'aux colonnes d'Hercule, sa faux à la main. Heureusement que, fatigué de cette course incessante à travers le genre humain qu'il décime, le terrible moissonneur ne frappe plus, de sa lame émoussée, que des coups rares et mal assurés.

Le retour et l'approche du choléra devaient nécessairement réveiller le souvenir de sa première apparition. En France, on s'est rappelé 1832; en Espagne, 1834. C'est ce pays et cette date qui me sont restés dans la mémoire, sans que quatorze années pleines de voyages et d'événements aient pu effacer le moindre détail de toutes les choses qui m'arrivèrent alors. Des amis m'avaient pressé de les raconter à mon retour, lorsqu'elles étaient récentes. Mais la répugnance bien naturelle que doit éprouver un écrivain de peu d'importance à se mettre personnellement en scène dans un récit, à parler par *je* et *moi*, m'avait fait constamment ajourner ce petit travail, devenu bien vite hors de propos par le temps écoulé et l'oubli d'une triste époque. Aujourd'hui que le souvenir en revient, l'à-propos se retrouve, et la distance efface la personnalité. En racontant mes aventures d'un autre temps, déjà bien loin, je croirai parler d'une autre personne; partant, j'oserai les écrire.

1849

En 1834, deux graves événements agitaient l'Espagne. Ferdinand VII venait de mourir, et, selon sa dernière parole au lit de mort, « avec lui était sauté le bouchon de la bouteille de bière, » Tout s'échappait à flots. D'une part, don Carlos, la loi des Bourbons à la main, revendiquait la couronne, et, par une bizarrerie pleine de sens, la Navarre et les provinces basques défendaient, sous le drapeau de l'absolutisme, leurs vieilles franchises républicaines condamnées par la constitution unitaire de 1812. D'une autre part, la reine veuve, ne pouvant appuyer le trône de sa fille que sur l'opinion libérale, rappelait les réfugiés chassés par l'invasion française, et leur présentait un premier gage de réconciliation dans l'*estatuto-real*, cette petite charte imaginée par l'un d'eux, M. Martinez de la Rosa, le même ministre

Qui depuis... Rome alors estimait ses vertus.

D'intimes relations contractées en France avec les principaux chefs de l'émigration constitutionnelle me firent appeler alors dans leur pays. Comme l'insurrection carliste occupait la route ordinaire de Paris à Madrid, par Bayonne et Burgos, je fis vers l'orient un détour pour franchir les Pyrénées à l'endroit où elles fléchissent et s'abaissent devant l'autre mer. Après avoir contemplé du haut des créneaux de Montjuy, qui domine Barcelone, l'un des plus beaux panoramas du monde ; après avoir traversé la vieille et austère Saragosse, encore toute meurtrie, toute labourée des balles et des boulets qui la frappèrent pendant le siége héroïque des deux parts, qu'elle soutint en 1809, et dont elle garde les traces avec orgueil comme d'honorables cicatrices ; enfin, après m'être pieusement et longuement agenouillé dans le grand temple de l'art qui s'était récemment ouvert à Madrid sous le nom de *Museo del Rey*, j'étais venu, suivant la cour et les affaires, habiter cette fraîche et splendide oasis, ce paradis terrestre des Castilles, qu'on appelle Aranjuez.

C'était au mois de mai, et le printemps, le vrai printemps, celui des contrées du midi, qui n'est guère connu en deçà des Pyrénées et des Alpes, justifiait les poëtes de l'antiquité que nous accusons, dans le Nord, de fictions pastorales et de rêves dorés. Mais tous les charmes de la saison, tous les agréments du séjour, tous les plaisirs de la société qu'il réunissait, furent bientôt troublés par une triste appréhension. Comme les flots d'une inondation qui monte, comme les flammes d'un incendie qui gagne de proche en proche, le choléra s'avançait menaçant. Par une marche étrange, il s'était jeté de la France sur l'Angleterre, puis sur l'Italie, sautant la mer d'un côté et les Alpes de l'autre; les Pyrénées, en face, l'avaient arrêté comme un mur dressé sur sa route. Mais bientôt, ayant passé de Naples à Malte et en Afrique, il revenait sur l'Espagne par la route des anciens conquérants arabes, et, comme eux, franchissait le détroit qu'ouvrit Alcide entre Abyla et Calpé. Déjà l'Andalousie était atteinte, envahie, ravagée; déjà le fléau, rebroussant au nord, suivait les rives du Guadalquivir, montait les cimes de la Sierra-Moréna, et s'abattait sur les plaines de la Manche. La terreur marchait devant lui. A son approche, Aranjuez fut désert; il ne resta bientôt, sous sa verdure, que des nuées de rossignols chantant leurs amours. Tout le monde avait regagné Madrid. C'était s'éloigner d'une dizaine de lieues, et se rapprocher des secours de la médecine. Mais aussi c'était s'enfermer dans un grand centre de population plus dangereux que la solitude. Mieux avisée, mais donnant un honteux exemple de peur et d'égoïsme, la cour s'était enfuie jusqu'aux frais et hauts plateaux de la Granja, laissant à l'Escorial un cordon de troupes pour couper toute communication entre la capitale et sa retraite.

Atteint par le mal à Paris, en 1832, j'étais prédisposé à une rechute, et, en effet, je ne sais quels ressentiments intérieurs, précurseurs de l'épidémie, m'annonçaient par avance qu'elle allait éclater. Plus de quinze jours avant l'apparition du choléra, je prédisais déjà sa prochaine arrivée; et ce n'était ni don de prophétie, ni seconde vue, ni sommeil magnétique, mais un sentiment physique clair et certain. J'avais déjà le choléra *latent*. Sans maladie appréciable, j'étais promptement devenu si défait, si abattu, si faible de corps et d'esprit, que je n'avais ni la force ni le courage de lever le pied, de regagner la France, alors délivrée pleinement du fléau. Enfin, un jour du mois de juillet, je m'étais péniblement traîné chez la comtesse de... dont l'hôtel, refuge aimable ouvert aux étrangers, est situé sur la *plazuela del Angel*, au centre des beaux quartiers de Madrid. C'était un dimanche. Depuis le matin, quoique le soleil fût caché sous d'épais nuages noirs qui se traînaient lourdement dans un ciel privé d'air, la chaleur était accablante; on étouffait, comme par le mistral ou le simoun, sous une atmosphère embrasée. Vers trois heures, un orage éclata, terrible, effroyable, égalant les tempêtes des tropiques. Aux tourbillons du vent, aux roulements du tonnerre, succéda une grêle impétueuse, qui mit en fuite le peu d'êtres humains haletant au milieu des rues. Une femme traversait la place en courant. Tout à coup elle s'arrête, chancelle et tombe à la renverse. Nous la voyons se tordre dans des convulsions désespérées. Quelques passants charitables s'empressent autour d'elle. On la relève, on la soutient, mais bientôt elle retombe pesamment. C'était un cadavre. Ceux qui l'emportaient passèrent sous le balcon fermé (*mirador*) d'où nous regardions l'orage et ses désastres. Cette femme, aussi soudainement frappée de mort que l'épouse d'Ananie, était déjà dans un état visible de décomposition ; elle avait les dents contractées, la face bleuie, l'œil vitreux. Nul doute ; elle était morte du choléra.

En effet, au milieu de la foudre et des éclairs, la peste asiatique venait, avec la grêle, de s'abattre sur Madrid. Dès son début, elle fit d'épouvantables ravages. J'ai ouï dire que six mille personnes furent atteintes en même temps le premier jour de l'invasion. Madrid renferme à peine deux cent mille habitants ; c'est donc une proportion que le mal n'atteignit peut-être en nul autre endroit du monde. Mais, par une juste compensation, il diminua sur-le-champ et disparut même assez vite. La population épouvantée entra dans une de ces colères aveugles et terribles que les fléaux allument au milieu des nations. A Madrid, comme dans toutes les grandes villes, comme à Paris même, on répandit, on accueillit les plus étranges rumeurs sur l'origine du mal qui atteignait toutes les classes et toutes les familles. Tantôt les fontaines publiques étaient empoisonnées ; tantôt des feux insalubres viciaient l'air environnant ; tantôt un immense maléfice était jeté sur la ville entière. Ce dernier avis prévalut, et comme, en ce moment d'effervescence politique, de retour aux opinions proscrites naguère et de haine au carlisme, les moines étaient désignés pour les implacables ennemis des innovations saluées par le peuple avec enthousiasme, les moines furent aussitôt, pour la multitude, les auteurs du choléra. Un long cri de vengeance succéda au premier cri de douleur et d'effroi. Des groupes menaçants se formèrent dans les quartiers populeux ; des hommes, fanatisés par la peur et le chagrin, s'animèrent au meurtre ; les terribles *navajas* furent tirées, aiguisées, et avant que l'autorité, frappée de stupeur, eût pu prendre aucune mesure de protection, les portes des couvents étaient enfoncées, et les moines qui ne trouvèrent pas d'issue pour la fuite étaient massacrés comme les défenseurs d'un fort pris d'assaut.

Pendant ces scènes de désolation, j'avais regagné mon modeste logement. Il était situé *calle angosta de San-Bernardo*, l'une des plus étroites rues de Madrid, comme son nom l'indique, et qui présenta un phénomène d'autant plus remarquable : pendant les deux premières semaines de l'invasion cholérique, le côté que j'habitais fut ravagé par le mal sans qu'une maison seule échappât, et l'autre côté de la rue fut entièrement épargné. J'occupais ce qu'on nomme en Espagne une *casa de huesped* (maison d'hôte), c'est-à-dire un appartement garni pris dans l'habitation d'une famille. Cette famille avait pour chef un certain don Francisco Gomez, et se composait de sa femme, de sa fille, enfant de cinq à six ans, de sa mère, qui en avait près de quatre-vingts, et de sa sœur, aveugle de naissance. On sait qu'en Espagne, les révolutions politiques n'atteignent pas seulement, comme partout ailleurs, les sommités gouvernementales, telles que le ministère et ses principaux agents, mais à peu près tous les employés, du haut en bas de la hiérarchie, et dans toutes les branches de l'administration publique; de sorte qu'à côté de l'armée active des employés en exercice, il y a toujours, au service de l'opinion vaincue, toute une autre armée de *cesantes* qui s'agitent pour reprendre leurs places. C'est la cause unique d'un double effet également funeste : d'une part, administration défectueuse, faute de tradition, d'expérience et de sécurité dans ceux qui l'exercent; d'une autre part, lutte incessante et revirements perpétuels, qui n'ont d'autre origine et d'autre but que la perte et la conquête des emplois. Mon hôte, pauvre commis des finances, avait été balayé dans le dernier *ôte-toi de là que je m'y mette.* C'est pour cela qu'il s'é · tait retiré avec tous les siens dans la cuisine et quelques petits trous à rats de son appartement, louant à un étranger la *sala* et le *comedor.* Ils vivaient tous de cette mince ressource.

Dès que nous eûmes entamé connaissance, ce qui est bientôt fait en Espagne, à moins que l'on ne soit bouffi d'orgueil et cuirassé de dédain, il me conta ses peines, et, après ses peines, ses désirs. Tous les rêves d'ambition de ce brave homme n'allaient pas plus haut qu'un petit emploi dans l'administration des loteries, où la politique entrait moins. C'était quelque chose comme sous-chef de bureau. Je voyais alors presque tous les jours le comte de Toreno qui venait de prendre le portefeuille des finances. Je lui demandai cette petite place pour mon hôte. Il m'en fit sur-le-champ délivrer le brevet, et vingt-quatre heures ne s'étaient pas écoulées depuis les confidences de Gomez, qu'il était en possession de son magnifique emploi.

Dire l'étonnement et la joie de la famille entière ne serait pas chose facile; je leur parus plus puissant et plus bienfaisant que le calife Aroun-al-Raschid. Mais dire leur reconnaissance serait plus difficile encore. J'appris une fois de plus, par leur exemple, que si les Espagnols sont des ennemis acharnés et mortels, ce sont aussi des amis d'un dévouement sans bornes, à la vie et à la mort. Et souvent, en Espagne, le même cœur renferme ces deux sentiments, d'une implacable haine et d'un attachement fanatique. Il faut savoir les prendre. Respecter toujours en eux la dignité de l'homme, d'où vient leur fierté proverbiale ; déposer toute morgue et toute arrogance, se montrer affable, bienveillant, cordial, et surtout l'être sincèrement, voilà le secret bien simple pour les séduire et les attacher. Une bonne parole, une poignée de main, un petit service rendu à propos, il n'en faut pas plus pour gagner un cœur, pour se faire un ami. Et là, ce mot signifie quelque chose. L'Espagne est encore le Monomotapa du bon La Fontaine. Je l'éprouvai bien. Du jour où j'avais rendu, avec si peu de peine, quelque aisance à la pauvre famille, elle n'avait plus paru occupée qu'à me servir et à m'aimer. Chacun épiait, tout le long du jour, l'occasion de montrer son empressement et son affection. A peine ouvrais-je les yeux, que la jolie petite fille entrait, sur la pointe du pied, pour apporter au *monsieur français (al cavallero frances)* les journaux et le chocolat. Dans ma chambre, sans cesse balayée, frottée, humectée, se renouvelaient assidûment des bouquets de fleurs et des grappes de fruits; et la nuit, lorsque je revenais de faire un *whist* à l'ambassade de France, je trouvais invariablement, quelque heure qu'il fût et quelque temps qu'il fît, mon hôtesse au balcon, qui me guettait là pour ne pas me faire attendre à la porte, tandis que son mari, armé d'un long estoc qu'il portait dans une vieille canne de jonc, montait la garde tout le long de l'étroite rue pour protéger mon retour contre le danger des encoignures et des sombres *zaguans* (1). Je ne pus jamais obtenir qu'ils renonçassent à cette habitude.

Ce fut surtout quand je tombai malade qu'éclata l'amour de ces braves gens. J'étais loin de ma famille et de mon pays, seul, abandonné. Eh bien, je crois que la tendresse maternelle elle-même n'aurait pu montrer une inquiétude plus vigilante, ni rendre des soins plus assidus, plus touchants. La femme de Gomez, encore jeune et belle, était dans un état de grossesse avancée. Mais, malgré les embarras et les douleurs de sa situation, malgré mes remontrances, mes prières, mes gronderies, elle voulut être ma seule garde-malade. Toutes les nuits, elle les passait auprès de

(1) Porches intérieurs des maisons de Madrid.

mon chevet, occupée à étancher incessamment la soif ardente qui m'oppressait, à bassiner mon front brûlant avec une admirable essence balsamique qu'on appelle *Eau de la reine de Hongrie* (en mémoire de la bienfaisante Élisabeth), dont elle activait, avec son éventail, l'action agréable et salutaire. Son mari, oubliant le bureau des loteries, la remplaçait pendant le jour.

Lorsque le choléra s'abattit sur notre côté de la *calle angosta de San-Bernardo*, la vieille mère de Gomez et moi fûmes frappés en même temps. Au bout de quelques jours nous étions tous deux à l'agonie. Quand la pauvre femme mourut, dans la chambre voisine, plus vite emportée par le mal et la vieillesse, je me préparais à faire aussi le voyage de l'inconnu et de l'éternité ; car, dans le choléra, l'une des rares maladies qui soient privées du bienfait de la fièvre, au milieu des souffrances et des faiblesses du corps, l'esprit conserve toute sa force, toute sa lucidité. On se voit clairement mourir. Ce jour-là, tandis que j'entendais, à travers une porte mal jointe, les prières et les gémissements de la famille assemblée autour de la défunte, je descendais moi même au dernier échelon de la vie. Quelques amis, qui venaient fidèlement chaque matin s'informer de mon état, crurent ne plus trouver qu'un corps inanimé, ou prêt à l'être, et s'en allèrent répandant la nouvelle de ma mort. L'un d'eux, Français, mais vivant en Espagne, rencontra près de ma porte un médecin célèbre, le docteur Drument, qui avait eu, quelques années auparavant, l'occasion d'étudier le choléra dans les Indes. Il le fit monter auprès de moi, à tout hasard, comme il me le dit ensuite, et le docteur, ayant fait appeler un de ces barbiers-chirurgiens, un de ces *Figaros* particuliers à l'Espagne, qui demeurait en face, lui indiqua les remèdes à tenter. Il fallait, avec le laudanum, arrêter la dyssenterie qui m'emportait comme aurait fait le sang coulant par les quatre veines ouvertes, et, avec des sinapismes, des ventouses, des cautérisations, rappeler aux extrémités la chaleur qui les abandonnait déjà. On me brûla donc sans pitié les bras et les jambes, les paumes des mains et les plantes des pieds. Qu'on m'excuse d'entrer dans ce détail pharmaceutique ; il peut avoir son utilité, en prouvant que le docteur Drument, éclairé par une expérience antérieure, pensait que, dans cette maladie dont on ne connaît ni la nature, ni l'origine, ni la transmission, ni le siége, il valait beaucoup mieux se borner à combattre les symptômes à mesure de leur apparition, que de chercher à vaincre le mal lui-même dans son essence encore ignorée. C'est, il me semble, l'avis des plus sages médecins. Je ne sais si les prescriptions du docteur Drument me rendirent la vie, mais elles suspendirent la mort, et je restai jusqu'au lendemain sans expirer.

Dès le matin, et avant l'heure de se coucher, mon hôtesse introduisit près de moi trois laquais en grande livrée, qui, sans me demander permission, et sans que je leur demandasse ce qu'ils faisaient, m'enveloppèrent dans les couvertures de mon lit, et me descendirent dans un bel équipage qui remplissait toute la rue. Les chevaux m'emportèrent au grand trot, et, au bout de quelques minutes, j'arrivais devant l'hôtel de l'ambassade anglaise, où l'on me déposait avec précaution dans un excellent lit dressé au milieu d'un élégant pavillon, ouvert sur le jardin de l'hôtel. Cet enlèvement s'était fait comme avec la baguette d'une fée, et si mes souffrances eussent pu me laisser un moment de sommeil, j'aurais cru faire un agréable songe. Bientôt entra quelqu'un, dont l'apparition, semblable à celle de l'ange consolateur, m'expliqua tout. C'était M. Georges Villiers, depuis lord Clarendon, alors ministre d'Angleterre en Espagne, aujourd'hui vice-roi d'Irlande. Je l'avais vu, pour la première fois, deux mois auparavant, lorsque nous habitions Aranjuez. La conformité d'âge, de goûts, d'opinions, au moins sur les affaires du pays où se faisait notre rencontre, enfin cette mystérieuse attraction des cœurs qu'on nomme sympathie, nous avaient rapprochés en comblant la distance des positions. J'avais éprouvé, comme tout le monde, l'influence irrésistible d'un esprit élevé, supérieur, d'une âme noble et généreuse, d'un caractère plein de douceur et de charmes; comme tout le monde, j'avais aimé M. Georges Villiers, dont le nom, en Espagne, et en quelque lieu qu'il ait résidé, restera à jamais entouré d'amour et de respect; mais je n'espérais point qu'il m'eût trouvé digne d'un retour d'amitié. Cependant, dès qu'il apprit mon triste état, mon danger pressant, ma mort prochaine, surmontant l'effroi et le dégoût qu'inspirait cet horrible mal, souvent cru contagieux, il me fit apporter chez lui; et là, quoique je ne fusse pas même son compatriote, il me traita comme son frère. Le seul changement de place, avec un air plus pur et plus sain, devait amener une crise salutaire. Des soins assidus, et non moins éclairés qu'affectueux, achevèrent de me conduire à la convalescence. M. Georges Villiers me sauva la vie. Cette vie, qu'il m'a rendue, lui sera dévouée tant que Dieu me la conservera.

D'autres aidèrent à son bienfaisant dessein. D'abord le médecin de l'ambassade, le jeune docteur Alfaro, élevé à Paris, où il avait remporté le prix d'honneur au grand con-

cours avant de commencer ses études médicales ; puis aussi
le maître d'hôtel. Celui-ci se nommait M. Leblanc ; il était
Français, comme son nom l'indique assez, mais parlait également l'anglais et l'espagnol, sans compter le latin. Je ne
sais quelle vocation ou quelles circonstances l'avaient jeté,
au sortir des colléges et après de bonnes études, dans la
science des Carême et des Brillat-Savarin. Du reste, il était
demeuré, devant ses fourneaux, ce que les Espagnols nom-
ment un *cavallero* et les Anglais un *gentleman*. Compatriote,
écrivain, malade, je dus à tous ces titres qu'il me prît en
affection, et, avec une complaisance infatigable, il satisfaisait
à tous les caprices d'un estomac en délire. Mais j'avais
encore, et toujours, pour compagnon fidèle, mon brave hô-
telier, Francisco Gomez. Sans hésitation et sans cérémonie,
il s'était installé à côté de moi dans le carrosse qui m'avait
enlevé de chez lui, puis à mon chevet dans le pavillon de l'ambassade, et depuis lors il ne m'avait pas plus quitté que
mon ombre, vivant de ma cuisine de convalescent. Je n'a-
vais pu obtenir qu'il s'éloignât un quart d'heure pour retourner dans sa maison. Chaque jour, il était visité par sa
femme et sa fille qui lui apportaient du linge ou de petites
provisions comme à un prisonnier et qui venaient souvent
plusieurs fois dans la journée pour s'informer de mes nouvelles, d'ordinaire sans entrer dans l'hôtel, et par-dessus
le mur du jardin où j'essayais de faire quelques pas, appuyé
sur le bras de mon pauvre logeur ou de mon noble et généreux ami.

Ce régime dura tout au plus une semaine. Un jour que
la femme de Gomez se montrait comme à l'ordinaire, avec
son enfant, sur le mur à hauteur d'appui qui séparait notre
jardin d'une terrasse voisine, je crus m'apercevoir qu'elle
avait la figure pâle et décomposée. Elle m'assura, en sou-
riant, que sa santé était très-bonne, et que la pâleur qui
m'effrayait n'avait d'autre cause que son état de grossesse.
Mais le soir on vint appeler Gomez en le pressant d'accou-
rir chez lui. Je dus me fâcher pour l'obliger à partir ; il ne
s'éloigna que sur mon ordre formel. Depuis, hélas ! je n'ai
plus revu ni lui ni aucun des siens.

La pauvre femme mourut dans la nuit même ; sa fille et
son mari moururent le lendemain, tous du choléra. Il ne
resta de cette famille infortunée que la sœur aveugle. La
nouvelle de toutes ces morts m'eût assurément tué. On me
le cacha, on me fit un conte : « La femme de Gomez était
accouchée avant terme ; son mari devait rester à la maison
pour soigner la mère et les enfants ; chaque jour le docteur
Alfaro leur faisait la visite, » et il me donnait, en effet, des

nouvelles détaillées, rassurantes. Voilà comment on m'amusa jusqu'au départ. Je n'ai su que bien longtemps après la cruelle vérité. Un intendant du comte de Toreno fit alors des recherches et découvrit que la sœur aveugle, seule survivante, avait été recueillie dans la maison des pauvres de Valladolid. J'ai pu, par la même entremise, lui faire parvenir l'aumône d'un millier de réaux, en souvenir du *cavallero frances*. — Pauvres gens, grands et sublimes dans la simplicité de votre cœur et de votre dévouement ! Je n'ai jamais pu, depuis quatorze années et je ne pourrai jamais, le reste de ma vie, songer à vous sans avoir l'âme navrée et les yeux pleins de larmes !

Cependant j'existais, mais je n'étais pas guéri ; et sous l'influence morbide de l'épidémie, ma convalescence ne faisait pas un progrès. Je compris qu'il fallait partir, pour ôter l'embarras de ma présence et pour essayer du plus efficace de tous les remèdes, le changement de lieu et d'air. Dans ce projet qui bourrelait mon cerveau malade comme une idée fixe, je voulais quitter Madrid le 14 août, un jeudi, jour de bon augure, pour arriver à Paris le 25 et célébrer ma fête en famille. Sans prévenir M. Georges Villiers, j'écrivis à M. Martinez de La Rosa, alors président du conseil, pour lui demander les moyens de retourner en France. Il m'envoya une commission de courrier de cabinet, avec quelques plis qui ne contenaient que du papier blanc, et des recommandations pressantes pour toutes les autorités espagnoles. Il fit plus ; un jeune secrétaire d'ambassade fut chargé de me conduire jusqu'au delà de la frontière. C'était le plus complaisant, le plus attentif, le plus aimable et le plus gai compagnon de route qu'il fût possible de me donner. Il s'appelait Sandoval, et ce nom est aussi gravé en traits ineffaçables dans mes souvenirs de reconnaissance.

Nous eûmes deux ou trois conférences secrètes pour préparer notre voyage comme une évasion. Je n'avertis M. Villiers que l'avant veille du départ. Il voulut me dissuader d'une résolution qu'il croyait insensée, et, pour essayer du moins si je pouvais supporter les fatigues de cette longue route, il m'emmena promener dans une douce et moelleuse berline. Au bout de dix pas, j'étais évanoui. Je m'obstinai pourtant, soutenu par la double pensée qui m'avait suggéré le projet de m'enfuir, et le jeudi 14 août, suivant le programme tracé dans mes rêves, je franchis le seuil hospitalier de l'ambassade. Sandoval m'attendait devant la porte de l'hôtel, dans une méchante carriole qui n'avait ni tablier, ni rideaux, ni coffre, ni poches, ni d'autres ressorts que d'épaisses courroies en cuir. Elle était attelée de deux mules, l'une dans les brancards, l'autre pour le postillon. Je crois que c'est la carriole où Gil Blas et son fidèle Scipion firent jadis le voyage des Asturies. Mais l'on n'avait rien trouvé de mieux sous les vastes remises des affaires étrangères, assez semblables aux célèbres chantiers maritimes de la Caraca. Ma valise contenait une petite pharmacie, ordonnée par le docteur Alfaro, et le bon M. Leblanc glissa sous nos jambes un panier de provisions qui nous fit tout le long de la route bénir son heureuse prévoyance. Il contenait quelques tablettes de bouillon, quelques biscuits de mer, un peu de sucre et une bouteille de vin de Bordeaux. Enfin, après avoir serré dans mes bras l'excellent ami qui protégeait de ses vœux ma fuite aventureuse, après avoir reçu les adieux de son secrétaire, M. Southern, du secrétaire d'ambassade, lord Hervey, de l'attaché, M. Scott, dont je n'ai pas plus oublié les noms que les bontés, l'on me hissa dans la carriole, à côté de Sandoval, et le postillon fouetta ses mules.

La seule route ouverte entre les armées carlistes, qui occupaient alors toutes les Pyrénées de l'une à l'autre mer, était le chemin, ou plutôt le sentier, qui mène de Saragosse à Oloron par le col de Camfranc. Il fallait donc gagner d'abord la capitale de l'Aragon. Nous arrivâmes sans encombre à Guadalajara, qui n'est séparé de Madrid que par un relais de poste, celui d'Alcala de Henarès, patrie désormais reconnue de l'auteur du *Don Quichotte*, parmi les neuf villes qui se disputèrent, après sa mort, l'honneur de l'avoir vu naître, sans qu'aucune d'elles eût pris soin de pourvoir à sa vie. Mais il semblait que l'autorité du gouvernement central ne s'étendît pas seulement aux limites de la Castille. A Guadalajara, où nous arrivions avec le jour, nos tribulations commencèrent. Sous le prétexte, d'ailleurs assez plausible, que nous pouvions être enlevés par des bandes factieuses, le maître de poste nous refusa des mules, et nous dûmes recourir à l'alcalde, en Espagne plus puissant que le roi dans la commune qui l'élit, pour trouver un attelage à louer au double du tarif. Il fallut, tout le long du jour, recourir à cet expédient pour continuer notre voyage. Vers le soir, nous entrâmes dans l'Aragon et nous arrivions, vers minuit, au bourg d'Ariza. La nuit était froide, après une journée orageuse, et une pluie battante avait succédé depuis quelques heures aux éclairs de la soirée. Suivant l'habitude, notre conducteur se hâta de dételer ses bêtes et de s'en retourner d'où il était venu, laissant notre carriole désemparée au milieu de la rue, comme un navire en panne dans le calme plat. Mais ici, ce ne fut pas seulement la poste qui nous manqua, ce fut aussi l'alcalde, ce furent tous les habitants. Partout les portes étaient closes, les lumières éteintes ; un silence de mort régnait dans le pays, à peine interrompu par quelque lugubre hurlement de chien, et vainement Sandoval allait frappant de maison en maison ; nul n'ouvrait, nul ne répondait. Nous apprîmes ensuite la raison de ce silence étrange. Remontant toujours du midi au nord, le choléra venait d'atteindre aussi l'Aragon. Depuis la veille, le bourg d'Ariza était empesté et l'effroi général tenait chaque habitant barricadé dans sa demeure. Que faire, que devenir? Sans abri contre la pluie, le froid commençait à me gagner ; mes dents claquaient dans ma bouche. J'étais, hélas! à la merci de la moindre variation de l'atmosphère, du moindre accident de voyage. Qui m'eût volé mon manteau m'eût volé ma vie.

En promenant autour de moi des yeux effarés, je reconnus, dans une grande maison dressée sur la place, une auberge (*posada*) nommée *auberge du Maltais*, où j'avais fait naguère, en venant de Saragosse à Madrid par la diligence, un très-gai et très-bruyant dîner de table d'hôte. Quel changement au retour! Je me traînai près de la porte, aidé par Sandoval ; nous appelâmes de nos voix les plus douces, les plus suppliantes, invoquant tous les saints du paradis, offrant et promettant tout l'argent qui serait exigé. Longtemps nous prêchâmes dans le désert ; les murs de l'auberge étaient des rochers. Déjà nous perdions tout espoir, lorsqu'une petite lumière traversa les fentes de la porte. Quelqu'un s'approcha, et une voix de femme (ce sont toujours les femmes qui montrent le plus de courage et de pitié) nous demanda bien bas qui nous étions. Nous répondîmes brièvement, et bien bas aussi, demandant asile pour un seul de nous. La charitable Maritornès de l'hôtellerie, qui transgressait, nous dit-elle, les ordres absolus de son maître, et s'exposait à pire condition que d'être chassée, me fit jurer par un serment solennel que je lui obéirais aveuglément, que je ne pénétrerais pas dans la maison plus loin qu'elle ne voudrait, et que je ne lui toucherais pas même la main. Elle se rappelait sans doute le proverbe : *Higo verde y moza de meson pellizcando maduran* (1). Je promis tout. Elle ouvrit la porte avec précaution, et, tandis que Sandoval regagnait la carriole pour garder notre butin, je me glissai comme une ombre sous le porche désert de la *posada*.

La chambrière, reculant d'épouvante à la vue de ma face cadavéreuse, me montra du doigt une porte latérale, et

(1) « Figue verte et fille d'auberge mûrissent à force d'être pincées. »

j'entrai dans une petite salle basse, espèce d'écurie, de chenil, sans lit, sans chaises, n'ayant que la terre pour parquet. Je m'accroupis dans un coin, enveloppé de mon manteau. Bientôt, à travers une mince cloison, j'entendis dans la pièce voisine de sourds gémissements. Je prêtai l'oreille; c'était un râle d'agonie. De l'autre côté des planches où j'étais adossé, une femme se mourait du choléra Je m'enfuis, plein d'épouvante, à l'autre bout de mon obscur galetas. Mais ce n'était pas assez loin pour éviter la contagion morale de l'exemple. Une attaque du même mal me prit aussitôt. J'appelai d'une voix défaillante; je priais qu'on avertît mon compagnon resté dans la voiture, qu'on lui demandât les remèdes dont il était pourvu. Quelqu'un s'approcha, et, sans me répondre un mot, tourna deux fois la clef dans la serrure; puis j'entendis ses pas s'éloigner. J'étais en prison... Privé d'un secours si proche, témoin de l'agonie d'un moribond, agonisant moi-même, que les heures me furent longues et les pensées cruelles!

Aux premières lueurs du jour, Sandoval, qui avait enfin déterré deux mules, vint ouvrir mon triste cachot. Il m'emporta du coin où j'étais encore gisant, et la bonne servante, en échange d'une piastre que je fis tomber à ses pieds, me tendit au bout d'une pelle un pot d'eau de riz qu'elle avait fait bouillir. Ce fut ma première médecine. Mais, au sortir d'Ariza, trouvant à une portée de fusil du grand chemin un vaste couvent, nous gagnâmes la chapelle, sous prétexte d'y faire nos oraisons matinales, et, caché dans la sacristie avec ma boîte d'apothicaire, je fis sans façon du lieu saint un hôpital, ne craignant pas qu'ici-bas ni là-haut on me demande jamais compte du sacrilége. Reprenant ensuite notre lent voyage, interrompu à chaque relais, nous arrivâmes dans l'après-midi en vue de Saragosse. Déjà nous apercevions les clochers de Notre-Dame-del-Pilar et les créneaux ruinés de la Aljaferia; mais il était écrit que nous n'entrerions pas dans les murs de la vieille cité où réside, depuis les rois d'Aragon, le roi des *Gitanos* (Bohémiens).

A une lieue en avant de la ville, sur l'embranchement de deux routes venant des deux Castilles, nous trouvâmes une grand'garde qui ne laissait passer personne. C'était une manière de cordon sanitaire que l'*ayuntamiento* de Saragosse venait d'improviser. A côté de quelques soldats et de leur officier, se tenaient une troupe de moines commandés aussi par un robuste capucin. De celui-ci je n'oublierai jamais ni la figure ni l'accoutrement Sa longue barbe noire descendait jusque sur un ceinturon de cuir blanc d'où pendait un grand sabre qui ferraillait avec ses chapelets de métal. C'était quelques années avant que mes deux célèbres amis, Mendizabal et Olózaga, eussent rendu à leur patrie le service signalé de licencier toutes les milices monastiques et de vider toutes les capucinières. Les *frayles* de Saragosse, craignant le même sort que ceux de Madrid, et combattant *pro aris et focis*, essayaient de repousser le choléra avec l'épée et le goupillon. Les chefs des deux troupes nous intimèrent l'ordre de rétrograder. Je montrai mon brevet, mes dépêches, les lettres du ministre, et rassemblant toute l'énergie dont j'étais capable, je déclarai l'officier et le capucin responsables devant Dieu et devant les hommes des malheurs infinis qu'entraînerait pour l'Europe entière le retard de mon importante mission. Sandoval me secondait. Ils furent ébranlés, se concertèrent quelques instants, et finalement nous laissèrent passer, mais sous l'escorte d'une petite escouade, mi-partie de shakos et de capuchons, qui nous emmena comme des malfaiteurs au supplice.

Près des murs de la ville, mais en dehors, on nous déposa sous un hangar dans la cour d'un couvent. Les moines s'étaient enfuis devant nous comme à l'aspect de deux pestiférés échappés du lazaret. Sandoval déchira quelques feuillets de son portefeuille, et écrivit au crayon deux billets qu'il alla poser sur une pierre au milieu de la cour. L'un était pour le capitaine général de l'Aragon, qu'il avisait de notre arrivée, en lui demandant les moyens de partir. Dans l'autre, sans adresse et tout ouvert, il priait qu'on nous fît la charité d'un pot d'eau chaude et d'une cuiller en bois. Un moine, de ceux qui nous veillaient, vint prendre les deux dépêches, et au bout d'un quart d'heure nous étions servis. Dans cette eau chaude, et avec cette cuiller, nous fîmes délayer des tablettes de bouillon, nous y cassâmes quelques bribes de biscuit, et nous mangeâmes à la gamelle un peu de soupe dont nous avions grand besoin. Pendant ce repas d'anachorète, arriva la réponse du capitaine général, qui nous envoyait, d'occasion, une perdrix *al escabeche* (1) et une bouteille de malaga. Ce cadeau fut-il bien reçu, je le laisse à penser. Nous bûmes les premières gorgées, car de verres point, à la santé du charitable proconsul, qui était alors, si j'ai la mémoire de l'estomac aussi bonne que celle du cœur, le général Ezpeleta.

Peu d'heures après, on nous amena, par son ordre, une petite charrette à bœufs, très-basse, très-étroite, attelée d'une seule mule. Sur la planche de ce véhicule primitif

(1) Espèce de marinade

était posé un vieux, sale et mince matelas de crin qui me rappela celui de Lazarille de Tormès, à travers lequel se chamaillaient ses os et les roseaux de la claie du lit. Cette charrette était l'unique équipage dont nous pussions désormais nous servir. Il fallut laisser sous le hangar du couvent la regrettable carriole de Gil-Blas. Ainsi donc, étendus côte à côte sur notre matelas comme un roi et une reine sur le marbre de leur tombeau, nous partîmes au milieu de la nuit, en côtoyant les bords de l'Ebre, que nous remontâmes jusqu'au bac qui est en face du village de Gurea. Là, chez une bonne vieille femme qui nous ouvrit sa porte au chant du coq, nous prîmes le chocolat.

Hélas! les Espagnols ont raison : Mieux vaut le mal connu que le bien à connaître. Comment croire que nous regretterions la charrette à bœufs et le matelas de Lazarille? Mais nous changions d'équipages comme l'âne du jardinier changeait de maîtres. A Gurea cesse tout chemin praticable aux voitures; il n'y a plus, dans le sentier toujours rétréci, place que pour les pieds d'un mulet. On nous amena donc deux bêtes de somme, et tandis que le svelte et leste Sandoval enjambait la sienne *au saut de mouton*, l'on hissait sur l'autre, à grand renfort de bras, la carcasse de mon squelette, plus pesant de faiblesse que d'embonpoint. J'avais pour selle, et c'était la meilleure, un large bât rembourré de paille, qui éloignait mes jambes à un pied des flancs de ma monture. Cet écartement me causa bientôt une douleur insupportable et des crampes à crier. J'avais beau me jeter en avant, le nez entre les oreilles du mulet, ou me renverser en arrière, la nuque sur sa queue, rien n'adoucissait mon supplice, que redoublaient au contraire les courbettes et les ruades de la méchante bête. Il fallut s'ingénier. Avec quelques bouts de ficelle, aidé du bon Sandoval, je fis une espèce de longue bretelle qui attachait mes genoux sur mes épaules, et je pendis littéralement mes jambes à mon cou. Nous avions à faire ainsi une longue étape de huit heures, dans des landes désertes, stériles, desséchées, où nous ne trouvions nul abri contre un soleil ardent, nul remède à une soif brûlante. Pas une maison, pas un arbre, pas un ruisseau. Mais l'espoir nous soutenait, en nous montrant, au bout de l'étape, un séjour de repos, de rafraîchissement et d'abondance.

C'était la petite ville d'Ayerbe, située au pied des Pyrénées, qui ont, comme on sait, vingt à vingt-cinq lieues de largeur entre les plaines de l'Aragon et leurs dernières cimes, tandis qu'elles s'abaissent rapidement du côté de la France. J'avais, pour ce pays, de pressantes lettres de recommandation, et la certitude d'y recevoir l'accueil d'un ami. Mais pas plus Ayerbe que Saragosse ne devait s'ouvrir pour nous. Sur un rocher qui dominait, en avant de la petite ville, le sentier que nous suivions l'un devant l'autre, nous aperçûmes tout à coup une troupe de gens armés. Ils levèrent leurs fusils, mirent en joue, et, avant que nous fussions à portée de la voix, ils nous envoyèrent trois ou quatre coups de feu sans doute à poudre. Nous pensâmes d'abord que, par une de ces marches rapides qui leur étaient si familières, les factieux de la Navarre étaient venus prendre Ayerbe et couper la communication de Madrid avec la France. Nous nous crûmes au moins prisonniers de guerre, et de gens qui gardaient peu de prisonniers vivants. Mais, comme dit la comédie de Calderón, ce n'est pas toujours le pire qui est le certain (1). Ces tireurs de coups de fusil n'étaient que des gens du bourg qui se gardaient aussi du choléra, et c'était pour nous dire, de plus loin, qu'il fallait nous en retourner. Après d'assez longs pourparlers, par écrit d'abord, puis à haute voix, ou plutôt à grands cris comme des navires qui se hèlent, on nous conduisit, sans nous toucher, entre une haie d'escopettes et de *trabucos*, dans une baraque abandonnée qui précédait de trois à quatre cents pas les premières maisons d'Ayerbe. Là, nous obtînmes encore l'aumône d'un pot d'eau chaude et d'un pot d'eau froide pour calmer la faim et la soif qui nous tourmentaient. Mais bientôt la nouvelle de notre arrivée se répandit dans la bourgade. A ma figure de Lazare ressuscité, on m'avait reconnu pour un cholérique échappé du foyer pestilentiel, et la foule oisive (c'était un dimanche) qui jasait dans les rues entre messe et vêpres, commença bien vite à murmurer contre la violation des règlements sanitaires. Des curieux vinrent rôder autour de notre baraque pour s'assurer du fait; puis les mécontents survinrent, puis les furieux. C'étaient surtout des femmes, et surtout de vieilles femmes, qui se montraient acharnées. Leurs injures, leurs menaces, leurs imprécations ne cessaient de tomber sur ma pauvre tête. Il y avait, je me le rappelle, un petit ruisseau descendu des montagnes qui coulait bruyamment devant la masure où nous étions blottis. A l'abri derrière ce faible rempart, mais mieux défendu par la peur même qu'on avait de porter la main sur moi, j'essayais de faire bonne contenance, et, la cuiller en main, j'adressais même de galants *chicoleos* (fleurettes) aux plus enragées de ces mégères. Cependant l'émeute grondait et grossissait de plus belle; j'étais, sans

(1) *Ne siempre lo peor es cierto.*

talent ni beauté, comme Orphée au milieu des bacchantes
de la Thrace, ou plutôt comme saint Étienne au milieu des
Juifs, car on commençait à s'armer de pierres, pour frapper
sans crainte de la contagion, et je courais vraiment risque
de mourir lapidé.

Dans ce moment critique arriva l'alcalde. Avec sa canne à
pomme d'or, il écarta la foule, fit reculer les uns, taire les
autres ; puis, pénétrant bravement au seuil de notre baraque, il nous conseilla, dans une paternelle allocution, de
déguerpir au plus vite. En vain j'alléguai mon état de souf-
france et d'épuisement qui se lisait sur mon visage, qui s'en-
tendait dans ma voix ; le magistrat municipal répliqua froi-
dement que, si nous nous obstinions à rester une heure de
plus, il ne répondait ni de calmer les esprits, ni de retenir
les mains de son *peuple* (*pueblo*), et que je ne devrais attri-
buer qu'à moi-même la fin tragique qui m'attendait. En
même temps, un *mozo* nous amenait des mules que le pré-
voyant alcalde avait fait bâter en toute hâte à notre inten-
tion. Il n'y avait plus à résister. Tandis que Sandoval en-
fourchait sa monture devant la porte, on fit entrer la mienne
jusqu'auprès du banc de bois où j'étais étendu. Quand je
me remis avec effort sur mes deux pieds, la méchante bête
me tourna sournoisement les talons et m'envoya une ruade
dans la poitrine. Bien portant, elle m'eût tué peut-être ; mais
j'étais si faible, si peu résistant, que je tombai à la renverse
comme un capucin de carte abattu par le souffle d'un enfant. Je n'eus point de mal, mais seulement le malheur de
briser dans ma chute notre bouteille de Bordeaux, qui ren-
fermait encore quelques gorgées d'un vin généreux que nous
ménagions, depuis Madrid, avec une avare tendresse. On
me ramassa, on m'assit sur la selle empaillée, on me pendit
les jambes au cou, et nous partîmes enfin, poursuivis par les
malédictions du peuple d'Ayerbe.

Au sortir de cette bourgade inhospitalière, dont nous fîmes
le tour par un long circuit, se dressent les premières pentes
des Pyrénées. Nous commençâmes l'ascension, au coucher
du soleil, le long d'une côte rapide et rocailleuse. Nos mulets
avançaient péniblement, plutôt par soubresauts que pas à
pas, et comme s'ils se fussent dressés sur leurs pieds de derrière. Cette position pénible, ces secousses perpétuelles
achevèrent d'épuiser le reste de mes forces. Je ne pouvais
plus me soutenir, ni des pieds sur l'étrier, ni des mains à
la crinière du mulet. Vingt fois je manquai de glisser sur sa
croupe, et de m'en aller de là Dieu sait où. Il fallut, pour
continuer la route, chercher un expédient. Je n'avais plus
la faculté de songer même à mon salut. J'étais mourant et

résigné à mourir. Faute de trouver mieux, Sandoval et le postillon me posèrent sur le bât comme un sac, la tête d'un côté, les jambes de l'autre. De temps en temps, ils me retournaient, soit sur le dos, soit sur le ventre, et nous cheminions de la sorte dans le silence de la nuit, dans notre propre silence. Fréquemment le bon Sandoval, qui marchait à mon côté me soutenant la tête, approchait son oreille de ma bouche pour distinguer, au faible bruit de la respiration, si j'existais encore, et moi je lui faisais, d'une voix éteinte, avec mes dernières recommandations mes derniers adieux.

La triste caravane atteignait alors un vaste plateau. Nous fîmes halte. La nuit, fraîche et pure, était éclairée par une lune radieuse. L'air des montagnes, cet air bienfaisant où l'on devrait, comme l'a dit Rousseau, plonger les malades de même qu'on les plonge dans des bains d'eaux thermales, nous entourait de son atmosphère active et vivifiante. Nous étions d'ailleurs, sur ces hautes cimes, hors de l'influence pestilentielle qui infestait les plaines. Cette belle nuit au milieu de cette belle nature, ce bain d'air salubre au sortir de l'épidémie, produisirent sur moi un effet si prompt, si salutaire, si prodigieux, que je puis bien le nommer une résurrection. Je sentis renaître à la fois mon corps et mon âme; l'énergie morale me revint avec le soulagement physique, et la force de vivre m'en rendit le désir et l'espoir. Au grand étonnement comme à la grande joie de mon compagnon, je pus m'asseoir en selle, à la manière des femmes, lorsque nous nous remîmes en marche après un peu de repos, et le sac inerte de tout à l'heure, redevenu voyageur alerte, impatient, pressait sa monture de la voix et du talon.

Nous arrivâmes, vers deux heures du matin, dans un hameau de chévriers. Au milieu d'une vingtaine de cabanes, assez semblables aux chalets des Alpes, s'élevait une grande maison en pierre, où l'on avait établi, pour l'usage des courriers, un relais de mules entre Ayerbe et Jaca. C'est là que nous demandâmes et que nous reçûmes l'hospitalité. A voir l'empressement cordial de ces braves gens, les premiers depuis Madrid qui ne montrassent à ma vue ni effroi ni horreur, on eût dit que le nom même du choléra, pas plus que son souffle empesté, n'était monté jusqu'à eux des bas-fonds de la terre. Secoué, ballotté sans relâche, pendant tant d'heures et par de tels chemins, sur la croupe et les flancs de mulets aux rudes allures, mon maigre corps était couvert d'écorchures saignantes; de la tête aux pieds, ce n'était qu'une plaie. Les bons chévriers, me promettant une guérison certaine, m'étendirent tout nu sur des nattes de jonc devant un bon feu de bois résineux, et tout en me tournant et retournant comme un lièvre à la broche, se mirent à m'oindre tout le corps avec de l'huile et du saindoux. On eût dit un athlète se préparant au pugilat. Ce traitement antique me fit, en effet, grand bien. À l'aube du jour, nous étions de nouveau chacun sur sa bête, cheminant dans la direction de Jaca, où nous arrivâmes à midi. Les murailles de cette petite place forte étaient encore mieux fermées au choléra qu'à don Carlos. On nous tint, en plein soleil, au pied d'un bastion, toujours réduits au pot d'eau chaude, que nous convertissions en soupe, grâce aux tablettes et au biscuit du panier de M. Leblanc. Mais là, enfin, cessa son usage un peu monotone. Le soir, au bout d'une autre étape, nous étions à Camfranc, où les autorités, plus indulgentes et plus courageuses, nous laissèrent entrer, dîner et coucher. C'était le premier repas et le premier repos qu'il nous eût été permis de prendre depuis la porte de Madrid. Un matelas, après un gigot de mouton, quelles délices! Capoue n'en offrit point de pareilles à l'armée d'Annibal.

Ce repas et ce repos nous donnèrent des forces pour la rude journée du lendemain. Il fallait franchir le col de Camfranc, sur l'un des points culminants de la chaîne pyrénéenne, pour atteindre et descendre ensuite les versants français. J'étais monté cette fois, non plus sur un lourd et entêté mulet, mais sur un petit cheval des montagnes, vif, alerte, intelligent, qui sautait de roche en roche avec le pied agile et sûr d'un chamois. Quand nous atteignîmes les plus hauts sommets, quand nous fûmes perdus, au-dessus des nuages, dans cette région silencieuse, abandonnée de tout être vivant, où ne s'élève nul oiseau, pas même l'aigle, où l'on n'entend plus voler une mouche ni bourdonner un insecte, où la végétation se réduit à quelques mousses verdoyantes qui tapissent les flancs des rochers toujours humides, nous eûmes le beau spectacle et la dangereuse rencontre d'un phénomène propre à ces parages singuliers. Quoique nous fussions au mois d'août, et que le tonnerre grondât au loin sous nos pieds dans les vallées des deux versants, nous fûmes enveloppés tout à coup par un furieux tourbillon de neige qui menaçait, en nous ôtant la vue et presque la respiration, de nous emporter avec lui dans les précipices où il s'engouffrait bruyamment. Je me cramponnais aux crins de mon petit cheval, qui se cramponnait aux mousses glissantes du sentier. Cette tourmente glaciale, dont j'ai retrouvé depuis l'analogue dans les *chasse-neige* des steppes de la Russie, dura peu, fort heureusement. Au bout d'un quart d'heure, l'air était calme, le ciel serein, et les rayons d'un beau soleil réchauffaient nos membres transis.

Cependant, et sans nous en douter, nous avions passé la ligne idéale qui s'appelle frontière; nous étions en France. Je m'en aperçus en rencontrant, près d'un poste de douaniers, un petit détachement de soldats de la ligne que leurs pantalons rouges doivent trahir de loin aux yeux des contre-bandiers. A la vue du pauvre *chevalier de la Triste-Figure* et de son piteux accoutrement, mes tourlourous furent pris d'un rire homérique : « Oh c'te tête ! oh ce pif ! » criaient-ils tous ensemble, me croyant Espagnol et supposant que je ne les comprenais pas. « Tiens ! disait l'un, il porte ses genoux sur ses épaules comme saint Denis portait sa tête sous son bras. — Est-ce que c'est la mode en Espagne, disait l'autre, d'avoir son manteau sur le dos au cœur de l'été ? — C'est pour avoir trop sué qu'il est devenu si maigre, observait un troisième. — Le fait est, reprenait un camarade, que ses joues se baisent à travers ses mâchoires ; » et vingt autres quolibets qui ranimaient incessamment les éclats de leur gaieté. Jamais Potier, Vernet, Arnal, Debureau, n'eurent un tel succès de fou rire. Pour le coup, je vis bien que j'étais en France. J'appelai du doigt l'un des rieurs, et, lui mettant une piastre dans la main : « Tenez, mon brave, lui dis-je, voilà pour boire à ma santé. Vous voyez que j'en ai grand besoin, car je suis malade, et je mérite plus d'être plaint que d'être moqué. » Il ne fallut que ce peu de mots, dits en français, pour toucher le cœur de ces braves jeunes gens, qui s'éloignèrent en silence et baissant la tête. J'eus regret ensuite d'avoir troublé une gaieté si franche et si peu maligne.

Après le bourg d'Urdos commencent les routes praticables aux voitures. Nous laissâmes donc là chevaux et mulets, et nous louâmes une petite carriole pour gagner Oloron. Comme elle était fort étroite et que nous la remplissions à nous deux, Sandoval et moi, le voiturier attela un second cheval pour nous conduire en postillon. Mais, ce qu'il s'était bien gardé de nous dire, c'est que son cheval de trait, jusque-là bête de somme, était mis dans des brancards pour la première fois de sa vie. Tout alla bien tant que la route resta encaissée dans les roches comme au fond d'un fossé. Mais nous arrivâmes bientôt à un passage dangereux. Coupée à pic, sur notre gauche, dans le coude d'une gorge de montagne, et dominant un profond ravin au fond duquel coulait en bouillonnant un des nombreux torrents ou *gaves* qui se précipitent des Pyrénées, la route, à droite, était taillée dans la roche vive. Une espèce de garde fou, formé d'une perche en travers sur deux pieux fichés dans le roc, indiquait le danger plutôt qu'il ne l'empêchait.

Arrivé dans ce tournant étroit, notre limonier s'effraya du vide et du bruit qu'il avait à gauche. Il se jeta brusquement de l'autre côté ; la roue heurta contre un bloc de pierre, et la carriole tomba sur le flanc, écrasant dans sa chute la perche du garde-fou. Nous voilà, Sandoval et moi, lui dessus, moi dessous, lancés par la force d'impulsion dans la capote en cuir de notre carriole, et suspendus par ce frêle appui à cent pieds au-dessus du torrent. Les chevaux, heureusement, s'étaient arrêtés, et le voiturier, désarçonné lui-même par la secousse, s'était jeté à genoux, invoquant à grands cris la Vierge et les saints. Nous lui criâmes qu'il avait mieux à faire que des signes de croix. Il vint aider Sandoval à se dégager, et tous deux me tirèrent avec précaution du réduit étroit d'où mon regard *mesurait l'abîme*. Nous étions alors, par l'habitude, si bien aguerris contre les dangers, que cette aventure nous fît rire. Cependant, crainte qu'elle se renouvelât avec moins de succès, Sandoval monta à poil nu l'ombrageux limonier, dont l'autre cheval, plus doux, prit la place au brancard. Nous arrivâmes ainsi à Oloron, sans plus d'encombre. Là, mon bon compagnon me quitta pour aller à Bayonne porter je ne sais quelle confidence au télégraphe, et moi je me fis mener à Pau, non pour visiter le vieux château d'Henri IV, mais pour prendre le plus droit chemin.

J'y trouvai justement place dans la petite voiture du courrier qui porte les dépêches à Mont-de-Marsan. Et lorsque, d'une écriture tremblotante comme celle d'un vieillard, j'eus annoncé à M. Georges Villiers mon arrivée en France, lorsque, ce devoir rempli, je m'assis auprès du courrier, sans souci désormais des relais et des repas, je me crus bien au bout de toutes mes tribulations. Une dernière pourtant m'attendait. Vers minuit, nous traversâmes l'Adour, non sur un pont ni dans un bac, mais tout bonnement à gué. Or, une crue d'eau subite, causée peut-être par l'ouragan de neige que j'avais traversé la veille, avait grossi cette rivière capricieuse. Nous fûmes brusquement réveillés par l'eau qui entrait dans le coffre de la voiture, et nous montait le long des jambes. Bientôt le flot souleva notre équipage, qui s'en allait à la dérive, comme un bateau, entraînant de compagnie nos deux chevaux forcés de se mettre à la nage. Aux cris du postillon et du courrier, quelques habitants d'un village situé sur la rive, accoururent à notre secours. Ils entrèrent bravement dans l'eau jusque sous les aisselles, et, s'aidant de grands bâtons, nous poussèrent peu à peu hors du courant, puis sur la berge, d'où nous regagnâmes, à travers les prés inondés, la route de Mont-de-Marsan.

La diligence qui va de cette ville à Bordeaux attendait, pour partir, le courrier attardé dont elle devait emporter le sac aux lettres. Dans mon impatience d'arriver au terme du voyage, je résolus de partir avec elle. Mais toutes les places étaient prises, et je me crus très-heureux d'être admis sous la bâche, avec les paquets. C'était un four, c'était un cloaque, que pas un souffle d'air ne venait rafraîchir et purifier. Me sentant bientôt tomber en pamoison, j'allai frapper sur l'épaule d'un gros paysan des Landes qui ronflait juché sur la banquette d'impériale. « Combien vous coûte, lui demandai-je, votre place jusqu'à Bordeaux ? — Trois francs, me dit-il. — Si je vous remboursais ces trois francs, repris-je, voudriez-vous l'échanger contre la mienne ? » Aussitôt, et pour toute réponse, mon homme sauta par dessus le dossier de la banquette, puis s'étendit complaisamment entre une demi-douzaine de paniers à fromages, ravi de son marché, et bien convaincu que j'étais la dupe, tandis que je prenais sa place en plein air avec la joie d'un poisson qui rentre dans l'eau.

Fidèle au plan que traçait à Madrid mon cerveau malade, j'étais à Bordeaux, malgré toutes ces déconvenues, le 22 août, et, le 25 au matin, j'entrais dans Paris. Je tombai comme un spectre, comme un revenant, au milieu de ma famille épouvantée. Mais j'avais laissé la maladie de l'autre côté des monts. Huit jours après mon retour s'ouvrait la chasse. Je fus exact au rendez-vous de chaque année, quoique mon fusil me semblât un peu lourd ; et, déjà commencée par le seul changement de place, ma guérison s'acheva promptement sous l'heureuse influence de cet autre souverain remède à tous les maux.

Louis Viardot.